Das, worauf es ankommt,
können wir nicht voraus-
berechnen. Die schönste
Freude erlebt man immer
da, wo man sie am
wenigsten erwartet.

Antoine de
Saint - Exupéry

Als kleines Dankeschön
Weihnachten 85
Samuela

AN DICHTERHAND
DURCHS FRANKENLAND

Ein Gang durch
die Jahreszeiten

Mit Bildern von
Fritz Bayerlein, Friedrich Fehr,
Philipp Franck, Erich Heckel, Heinz Kistler,
Luigi Malipiero, Otto Modersohn, Johann Sperl,
Giovanni B. Tiepolo und Gunter Ullrich

Herausgegeben
von Carlheinz Gräter

Konrad Theiss Verlag Stuttgart

CIP-Kurztitelaufnahme der Deutschen Bibliothek

An Dichterhand durchs Frankenland : e. Gang durch d.
Jahreszeiten / mit Bildern von F. Bayerlein ... Hrsg. von
Carlheinz Gräter. – Stuttgart : Theiss, 1985. –
ISBN 3-8062-0382-2

NE: Gräter, Carlheinz [Hrsg.]

Gestaltung: Michael Kasack

© Konrad Theiss Verlag GmbH, Stuttgart 1985
Alle Rechte vorbehalten
ISBN 3-8062-0382-2
Gesamtherstellung: Sellier Druck GmbH, Freising
Printed in Germany

EIN KLEINES FEUERWERK
FÜR FRANKEN UND DEN FRANKEN

Das schöne Franken – warum verewigt kein besonderer Bundesstaat diesen schönen Namen? Es wäre schade, wenn das Wort Franken im Worte Baiern unterginge!

Carl Julius Weber

Los Angeles am fernen Pazifik ist, fast aufs Haar, so groß wie Franken. Aber dieses Bild stimmt nicht. Wer Franken oder seine Städte ins Große übersetzt, handelt wider ihre Natur. Franken ist Deutschlands Diminutiv. Vielleicht ist es deshalb das Schönste an Unauffälligkeit, das wir besitzen.

Wolfgang Buhl

Für den Bayern ist der Franke ein hauseigener Preuße; ein gschnappiger, bei dem man sich vorsehen muß.
Die Fränkin rührt sich, wo auch immer. Ihr Franke ist ein Hahn, der nur vereinzelt fett wird. Ein geborenes Feinsliebchen ist sie selten.

Eugen Skasa-Weiß

O, wie wird mich nach der Sonne frieren. Hier bin ich ein Herr, daheim ein Schmarotzer …

Albrecht Dürer vor der Abreise aus Italien 1506

Dieser fränkische Kreis bildet eigentlich das ganze Deutschland recht hübsch im Kleinen ab. Hier [in Erlangen] sind wir nun wieder in der sandigen Mark Brandenburg, Tirol im Kleinen ist nicht fern, der Rhein und die Donau werden von dem artigen Mainstrom recht hübsch gespielt ...

Ludwig Tieck

Franken ist wie ein Zauberschrank; immer neue Schubfächer tun sich auf und zeigen bunte, glänzende Kleinodien, und das hat kein Ende. Wer Deutschlands geheimste, jungfräulichste Reize genießen will, muß nach Franken reisen.

Karl Immermann

Franken ist ein Schatz, der fränkische Mensch darin ist es mit Vorbehalt.

Eugen Skasa-Weiß

Der liebe Gott weiß alles, die Franken wissen es besser.

Bairisches Sprichwort

Januar

Vorzug des Winters

Ich stehe, kaum gehe, verfroren vom Eise,
Nur schleiche, nicht weiche nach Altertumsweise,
Ich lebe und gebe gesundeste Speise.
Am Ofen ohn Frost
Da schmecket der Most
Zu Federwildskost.

Laßt blasen, laßt rasen der Jägerfrau Hörner,
Den wacker im Acker zerstochen die Dörner,
Sie nähret, verzehret jetzt körnichte Körner.
Man schlachtet das Schwein
Und salzet es ein,
Das lange muß sein.

Der Lenzen zu Kränzen die Sommerblüh pflocke,
Zum Leben der Reben der Freudenherbst locke,
Du drehe, du wehe, mein Winter, und flocke!
Da ruhet das Feld,
Da schlafet die Welt
Im fedrigen Zelt.

Johann Klaj

Januar

1

Johann Friedrich von Cronegk, Dramatiker
† 1758 Nürnberg
Jakob Wassermann, Schriftsteller
† 1934 Alt-Aussee/Steiermark

2

3

4

UMWINTERTE BERGE

Umwinterte Berge wie breite Särge,
Eine weiße beschneite Straße
Mit Frost auf glattem Geleise.
Aus mattem Nachmittaglicht
Sticht des Mondes vergilbtes Gesicht.

Wie von Spiegel zu Spiegel im Glase
Unendlich geht die Straße ins Weite,
Fern, nur noch der Sehnsucht verständlich.
Gern gibt ihr dein Aug' das Geleite.

Max Dauthendey

8

Wir sind die heilig' Dreikönig,
Gebt uns nicht zu wenig,
Laßt uns nicht so lange stehn,
Wir müssen heut noch weiter gehn.
Wir haben gehört, Ihr hätt' geschlacht,
Und hätt' so lange Würst gemacht;
Gebt mir eine von den langen
Und laßt die kurzen hangen!

Heischevers der jugendlichen Dreikönige in Franken

5

6

Karl Stöber, Erzähler
† 1865 Pappenheim

7

8

9

Houston Stewart Chamberlain, Kulturphilosoph
† 1927 Bayreuth

9

Januar

10

11

Friedrich Romer, Philosoph
† 1856 München

12

13

Ludwig Derleth, Dichter
† 1948 San Pietro di Stabio/Schweiz

14

15

16

17

18

19

Hans Sachs, Meistersinger
† 1576 Nürnberg

20

21

Die Rhön, flachwellig, salzgesegnet, vulkangeworfen, mit Spinnstubensagen und korallroten Vogelbeerbäumen an den Straßen, mit Quellen, in denen weiße Frauen hausen – die Rhön ist Bayerns Norwegen, das Urwaldland Buchonia, herb fränkisch westlich der Wasserkuppe …

Dem Reichtum der Salz- und Basaltrhön an Buchenwäldern, Rhönhammeln, Forellen und Silberdisteln gesellt sich ein Überschwang an Wacholder- und Heidelbeeren. Von den Heidelbeeren weiß man genau, daß sie einer Bitte des Eremiten Sankt Gangolf an die Gottesmutter zu verdanken sind, sie möchte irgend etwas Eßbares in diese Hungerlandschaft fallen lassen. Daraufhin verstreute sie die 59 schwarzen Körner ihres Rosenkranzes, die sich abseits von Gregor Mendels Vererbungsgesetzen als Heidelbeeren unaufhaltsam fortpflanzten.

Eugen Skasa-Weiß

22

23

24

VIEL SCHNELLE AMSELN
LAUFEN UNTERM LEEREN STRAUCH

Viel schnelle Amseln laufen unterm leeren Strauch
Im Efeuhag bei einer alten Treppe.
Es duftet dort im kahlen Wintertag
Nach Weihrauch und nach Wachslichthauch.
Die Treppe führt durch kahle Baumgestalten
Zur ausgetretnen Schwelle einer Bergkapelle.

Die dunkeln Amseln rennen durch den Ulmengang
Sanglos, wo sonst die Beter knien sommerlang.
Die Amseln sind in kahler Winterhelle
So still, als können sie dir alle Sorgen nennen
Und Herzgelübde, die vom Morgen bis zum Abend
Im Sommer hier die Betenden bekennen.

Max Dauthendey

25

Friedrich Wilhelm von Meyern
Schriftsteller
* 1759 Frauental bei Creglingen

26

Ernst Penzoldt
Schriftsteller und Bildhauer
† 1955 München

27

Januar

28

29

30

Karl Ludwig Knebel
Schriftsteller und Übersetzer
* 1744 Wallerstein

31

Friedrich Rückert
Dichter und Orientalist
† 1866 Neuses bei Coburg

IM MAINTAL

In der Kälte am Fluß
der unablässige Schrei
eines Vogels.

Als schärfe er
den Schnabel
am Himmel,
die Schwärze

aufzuschlitzen.

Hans Dieter Schmidt

Februar

Winterlied

Der Sonne Kraft
Ist zweifelhaft
In diesen kurzen Tagen;
Der Mond im Glanz
Hat seine Schanz'
Am Himmel aufgeschlagen.

Er schreitet vor
Im Sternen Chor
Die zwiefach glühn und strahlen,
Doch ihre Glut
Kommt nicht zu gut
Den frost'gen Erdetalen.

Dich drängt das Glück
In dich zurück,
Die Welt hat keine Wonne;

Und fehlt sie Dir,
So schwing nach ihr
Dich über Mond und Sonne.

Friedrich Rückert

Februar

1

Konrad Celtis, Humanist
* 1459 Wipfeld am Main

2

Benno Rüttenauer, Schriftsteller
* 1855 Oberwittstadt/Baden

IM SPESSART

Gegrüßt sei du, viellieber Wald!
Es rührt mit wilder Lust,
Wenn abends fern das Alphorn schallt,
Erinn'rung mir die Brust.

Jahrtausende wohl stand'st du schon,
O Wald, so dunkel kühn,
Sprachst allen Menschenkünsten Hohn
Und webtest fort dein Grün.

Wie mächtig dieser Äste Bug
Und das Gebüsch wie dicht,
Was golden spielend kaum durchschlug
Der Sonne funkelnd Licht.

Nach oben strecken sie den Lauf,
Die Stämme grad' und stark;
Es strebt zur blauen Luft hinauf
Der Erde Trieb und Mark.

16

3

Paul Schede, Humanist
† 1602 Heidelberg

4

Konrad Celtis, Humanist
† 1508 Wien
Melchior Adam Pastorius, Dichter
† 1702 Nürnberg

Durch des Gebildes Adern quillt
Geheimes Lebensblut,
Der Blätterschmuck der Krone schwillt
In grüner Frühlingsglut.

Natur, hier fühl' ich deine Hand
Und atme deinen Hauch,
Beklemmend dringt und doch bekannt
Dein Herz in meines auch.

Dann denk' ich, wie vor alter Zeit,
Du dunkle Waldesnacht,
Der Freiheit Sohn sich dein gefreut,
Und was er hier gedacht.

Du warst der Alten Haus und Burg;
Zu diesem grünen Zelt
Drang keines Feindes Ruf hindurch,
Frei war noch da die Welt.

Friedrich Schlegel

FEBRUAR

Die grauen Wolken fiedern sich schon leise,
Es gehen blaue Räume ihnen auf zur Reise.
Und wär ein Herz erwacht, das dürfte fliegen
Hoch über alle Träume, die im Schlaf noch liegen.

Hans Heinrich Ehrler

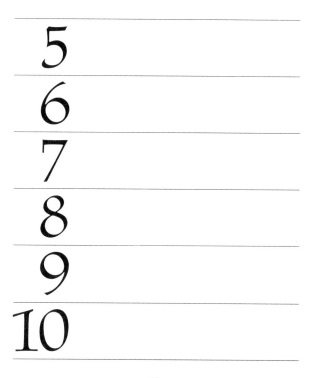

5

6

7

8

9

10

Wenn er den Spessart meilenweit umfließt
gleich einer Wasserburg, die Düsternisse
in Sälen schirmt, in Kammern aufbewahrt,
wird seine Schwermut schwerer noch, sein Gehen
zum Stillstand beinah, wortlos überredet
von Waldgeheimnis, Zwielichtgeist und Sage.
Auf weiten Strecken war oft nicht ein Laut
als der des Hahnschreis hinter vielen Hügeln;
ein ferner Kirchturm schlug, kaum hörbar rollte
das Gurgeln eines Wasserwirbels mit.

Julius Maria Becker
Aus: Loblied auf den Main

19

Februar

11

12
Friedrich Romer, Philosoph
* 1814 Weißenburg
G. Harro Schaeff-Scheefen, Schriftsteller
* 1903 Ansbach

13
Hartmann Schedel, Arzt und Weltchronist
* 1440 Nürnberg

14
Ludwig Friedrich Barthel, Lyriker
† 1962 München

15

16
Friedrich Dessauer, Biophysiker und Philosoph
† 1963 Frankfurt am Main

17

18

Der Gärtner ist ein Dichter. Er nennt den Februar Hornung und seinen ersten Sonntag Eiswald, nicht Sexagesima wie der gelehrte Herr Pfarrer in der Predigt.

Und wahrhaftig: draußen, wo das Hügelland beginnt, liegt der Wald noch unter hartem Eis und tiefem Schnee.

Und zum zweiten Sonntag sagt er nicht Quinquagesima; dieser Tag ist ihm Freias Blick …

Und für den dritten Sonntag hat der Gärtner einen Namen, der wie ein Jubel anfängt und wie die seligschüchterne Strophe eines Volksliedes: Alle Brünnlein …

Den vierten Sonntag aber segnet der Gärtner mit dem Namen Mutter Erde. Er ist Trost und Lobpreisung zugleich.

Anton Schnack

19
20
21

Eugen Skasa-Weiß, Schriftsteller
* 1905 Nürnberg

Februar

22

Karl Ludwig von Knebel
Schriftsteller und Übersetzer
† 1834 Jena

23

24

25

26

27

28

29

März

Veilchenzeit

Die welschen Bildergedanken verwehen,
Wenn du und ich auf den Hügeln in Franken
An der Landstraß' dem Märzwind entgegenstehen.
Mehr als goldne Pagoden gilt Heimatgras.
Wenn über den kühligen Vorfrühlingsboden
Die Düfte der Veilchen umgehen wie Geister,
Nicht länger ich dann mehr die Fremde begehre,
Nicht Tropenerde, die feuerbergschwere,
Die Veilchenzeit wird mir Liedermeister.

Max Dauthendey

März

1

2

Nikolaus Fey, Mundartdichter
* 1881 Wiesentheid

3

4

Bernhard Kellermann, Schriftsteller
* 1879 Fürth

5

Georg Friedrich Daumer, Philosoph und Dichter
* 1800 Nürnberg
Friedrich Schnack, Dichter
* 1888 Rieneck

6

Friedrich Schnack, Dichter
† 1973 München

7

8

Johann Konrad Grübel, Mundartdichter
† 1809 Nürnberg

AN ESCHERNDORF

Auf Escherndorf nei,
da gäht mer sou garn,
wenn's Mondhärnla leucht't,
wenn sa bläänz'ln die Starn;
wenn leis alles treemt:
Törm, Wengert und Hööäh
und Lichtsträf wie Schelch
noosilbern in Mee.

Und kummt mer von Barg
na runter nei's Tal,
na klopft een es Harz
sou eig'n jedsmal.
Es singt, wos in Bluat,
wos lööäßt si nit sog,
's tuat wäh und tuat wohl
wie a Nachtigallschlog.

It's Wengert und Nacht
oder mähr nu als des?
Ja nu wos, vo darn
Kee Neid öbbes wäss.
Worüm ich sou garn
auf Escherndorf gäh,
des wiss'n bloß ich
und sei Weistum, mir zwä.

Nikolaus Fey

Fuhren wir herab den Main,
Still und frohgemut,
Lag des Abends heller Schein
Vor uns auf der Flut.

Immer auf den hellen Schein
Geht der Nachen zu,
Treten wird er nun hinein
In dem nächsten Nu.

Aber weiter rückt der Schein
Stets von Ort zu Ort,
Und die Fahrt ihm hinterdrein
Geht im Dunkel fort.

Friedrich Rückert

März

9

10

Jakob Wassermann, Schriftsteller
* 1873 Fürth
Karl Bröger, Schriftsteller
* 1886 Nürnberg

11

12

13

Wilhelm Weigand, Schriftsteller
* 1862 Gissigheim bei Tauberbischofsheim

14

15

16

MÄRZ

Ging uns der Nachtwind nicht schon durch das Land
Mit einem Wurf von frühen Düften in der Hand?
Und hörst du die beladnen Lüfte klagen,
Wie schwer es ist, den Frühling herzutragen?

Hans Heinrich Ehrler

Johann Georg Meusel, Gelehrter * 1734 Eyrichshof bei Ebern	17
	18
Julius Maria Becker, Schriftsteller * 1887 Aschaffenburg	19
	20
Jean Paul, Dichter * 1763 Wunsiedel	21
	22

WENGERTSBEREINIGUNG

Wia sa mit dia Schieber
an Barg raufkumma,
dia kleena Wengertli
hinnawidder zerrn,
bis kee Grenzschtee
mähr paßt
und kee Schtaffala,
hat mer gedacht:
hetzet its wia aufn Mond.
Da hilft kee
Urban mähr,
kee Schtoßgabat und
kee Bittgang.
Und des,
wua da amol wächst,
wird nach Maschina schmeckn
und nach Apothekn.

Doch wia des
uuselia Gschaft rüm war,
ham sa bein Gemäuer
widder an neua
Urban aufgschtellt
und dia Rebaschtackeli
tun gorniet sou fröm
in dan rümgewörchtn
Boudn.

Drum hoff mer halt,
daß doch widder Moust it,
wos mer kriechn
und daß der letzt Träuwl
wua im Schpätharbst
henga bleit
dia Beerli aus Schtee sen
im Urban seinera Hend,
damit aa
im nächstn Johr
dia Weischtöick
nach ihrm Schutzpatron schieln
und niet vergaß könna,
wia a Träuwl
aussaach mueß. –

Engelbert Bach

März

25

26

Karl Heinrich Ritter von Lang, Schriftsteller
† 1835 bei Ansbach
Jakob Ayrer, Dramatiker
† 1605 Nürnberg

27

28

29

30

31

April

Hofgarten im April

Ein Vogelschwarm spiegelt die Wolken.
Die Sonne maskiert die Gesichter.
Drüben tanzt eine gelbe
Tulpensarabande vorbei.

Die Hecken sind brüchig im Licht.
Die Nymphe im Park
trägt Schmetterlinge
am Handgelenk.

Dein Schritt ist meine
Erwartung. Unser Herz
ein Spielball
der Monde.

Carlheinz Gräter

LIEBESBRIEF AUS WÜRZBURG

Es währet nicht mehr lange, ein Stündlein oder zwei, Liebste, und ich bin des Weines voll, und ich kann nicht mehr schreiben, sondern nur noch mit großen Glasaugen lächeln, lächeln wie die dicken Kinderengel im Hofgarten. Es währet nicht mehr lange, da komme ich entweder eine Kellertreppe herauf, oder ich gehe eine Kellertreppe hinunter. Jedesmal werde ich seliger sein, und die Seligkeit wird mir im Gesicht mit dicker Bauernfarbe hängen.

Oh, wenn du diesen Seligen sähest: er hat viele Gläser mit „Würzburger Harfe" in der Hand gehalten, und was in dem goldenen Harfentropfen sang, sang fröhlich die Gurgel hinunter mitten ins Herz.

Und da hat nun ein Tumult angefangen, viele Stimmen durcheinander, leise und laute, zarte und volle. Stimmen aus dem Frühling der Weißdornhecken, Stimmen aus dem Sommer, da der Main mit brennendem Band herunterfloß. Stimmen aus dem silbernen Lichtherbst, da die Nonne im Wingert die bereifte Silvanertraube in der frommen Hand hielt.

Alle Welt, die hierherkommt und in die Juliusspitalweinstuben, Hofkellereiweinstuben, Zum Silbernen Karpfen, Zum Stachel, Sternbäck, Burkadusbäck oder Johanniterbäck torkelt, schreit „Stein", „Leisten" oder „Eschendorfer Lump".

Aber ich schwenke das Herz mit „Würzburger Harfe" aus, Liebste. Die hat meinetwegen nicht soviel feurige erdige Kraft, aber dafür einen innigen Krakeel. Sie macht, daß ich an drei Liebesworte ein klei-

Eulogius Schneider, Kirchenliederdichter
† 1794 Paris
Friedrich Wilhelm Güll, Kinderliederdichter
* 1812 Ansbach

nes Schimpfwörtchen anhängen muß. Ja, es ist nichts zu machen, ich muß es anhängen; denn wer ohne Liebste in Würzburg sitzt, die Steinpopos der Putten im Garten gestreichelt hat und sich denkt, daß seine ferne Liebste einen fleischernen hat, soll schimpfen. Schimpfen soll er wie ein Rohrspatz.

Oder soll er lieber, die Augen lüstern eingezwickt, nach den weinheißen und augenlustigen Würzburger Mädchen schielen und nach ihren runden Brüsten greifen? Wenn er das noch könnte, Liebste! Denn es währet nicht mehr lange, ein halbes oder ein ganzes Stündchen, und ich bin des Weines voll und kann nur noch mit aller Welt lächeln. Lächeln mit der Madonna in Neumünster, mit dem milden Pfarrergesicht hinter der Flasche, mit der Säule am Vierröhrenbrunnen, mit den Heiligen auf der Mainbrükke, mit der fränkischen Brezelfrau, mit den Bratwürsten auf dem zischenden Rost.

Lächeln, nur lächeln, bis ich selig wie ein von allen Sünden freigesprochener Pilger einschlafe.

Anton Schnack

April

3

4

Sophie Hoechstetter, Schriftstellerin
† 1943 Dachau

5

Michael Georg Conrad, Schriftsteller
* 1846 Gnostadt bei Ochsenfurt

6

7

8

Johann Michael Dilherr, geistlicher Lyriker
† 1669 Nürnberg
Catharina von Greiffenberg, Lyrikerin
† 1694 Nürnberg

9

10

Unter anderen allegorischen Figuren zierte die Iusti-
tia den Vierröhrenbrunnen und hielt die Waage in
der erhobenen Hand. Wir legten später einmal in die
eine Waagschale einen Bocksbeutel und in die andere Kants „Reine Vernunft", aber die Waage verwei-
gerte den Dienst, sie war eingerostet ... vor wenigen
Tagen sah ich eine Statistik und erfuhr, daß Würzburg von allen Städten die am schwersten getroffene
sei. Sie war – ich bezeuge es vor jedem Gerichtshof
der Welt – die argloseste, die trunkenste und die
frömmste Stadt, wenn sich solches miteinander ver-
trägt und zur Duldsamkeit der eigenen Sünden
führt. Und jetzt soll sie die am härtesten geschlagene
sein? Ich fürchte, nicht nur am Vierröhrenbrunnen
war die Waage verrostet.

Michael Meisner

April

11
12

Der Charakter Würzburgs ist ein sehr fröhlicher. Des Abends sitzen alle Stände untereinander vermischt in den Gärten um die Stadt, oder in kleinen räucherigen Kneipen, in deren eine ich auch hinabgeriet, und wo ich Regierungsräte, Professoren und ganz geringe Leute an *einer* Tafel fand. Man hätte denken sollen, dieses Zimmer sei nur für elenden Krätzer gedielt worden, und es wurde der delikateste Wein ausgeschenkt.

Sie sitzen wirklich der Opulenz im Schoße. Kornfelder im Überfluß, und daher ein Brot, so klar und kräftig, wie man es anderer Orte selten trifft; reichlicher Wiesenwachs für das Vieh, und folglich Butter, süß wie eine Nuß; unendliche Weinberge, und der Main von Fischen wimmelnd. ... Charakteristisch ist es, daß der gemeine Mann nichts so verächtlich findet, als einen Branntweinsrausch, während sie in Betreff des Weins und des goldklaren, gewürzhaften bittern Bieres nicht so skrupulös sind.

Karl Immermann, Fränkische Reise

WÜRZBURGER MARIEN

Ihr holdseligen Marien,
die ihr unter Baldachinen
aus den Nischen, von Geländern
lächelt mit erzückten Mienen,
die mit schwebenden Gewändern
wallend, lockend aufwärts ziehen.

Wenn ihr mich bedeutsam grüßt
unter himmlischem Gelock,
ist das alles nur symbolisch?

Ach, ich hab es schon gebüßt,
und man wird hier arg katholisch,
ach, katholisch und barock.

Rudolf G. Binding

Friedrich von Müller, Kanzler und Gelehrter
* 1779 Schloß Kunreuth bei Forchheim

Georg Schneider, Schriftsteller
* 1902 Coburg

13

14

15

16

April

17

18

19

20

21

Carl Julius Weber, Schriftsteller
* 1767 Langenburg

Spaziergänger schlenderten ruhevoll am Abendufer hin und schienen zu fühlen, daß im Vergleich zu ihnen alle anderen Menschen auf der Erde ein gehetztes, elendes Leben führten. Und der Main, der lieblich ist und stark zugleich, sah so gelassen aus, als wüßte er an diesem warmen Frühlingsabend noch bestimmter als sonst, daß nur seinetwegen die Stadt hier erbaut worden war.

Die Marienfeste auf der Höhe stand vor der abendroten Himmelswand. Riesen auf märchengroßen

22

23

24

25

26

Karl Siegmund von Seckendorf, Schriftsteller
† 1785 Ansbach

Elefanten überquerten zwischenraumlos hinterein-
ander in der Dämmerung den Fluß: Das war die alte
Brücke mit den Heiligen.
Würde diese von Hügeln sanft umsäumte Stadt
durch ein Naturereignis der alten Brücke und der
Marienfeste beraubt, sie und alle Einwohner verlö-
ren den Charakter, wie der Mensch durch eine See-
lenerkrankung sein Ich verliert.

Leonhard Frank

April

27

28

29

30

SCHLEHDORN

Im Schlehdorn
der weiße Blütenhimmel:
frühlingsgrüne Einsiedlerweiler
über den Hang geziert,
Heckenbasteien auch
zwischen vielgrünig
geflaggtem Saat – und Wiesengebänder.

Willi Habermann

Mai

Wie schmeichelnd geht die Sonne heute durch das Tal …
Die Erde atmet einen leichten warmen Wind.
Der Himmel ist von heiterem Wolkenwerk erfüllt.
Die Linde singt. Um unsere Mauerbank
Fliegt alles eitle Mückenzeug gepaart umher
Und fällt berauscht uns dutzendfach ins müßige Buch.
Wie aufgestreifte Seide liegt der Wiesengrund.
Die wilde Hecke strömt noch regenfeuchten Duft
Und überquillt von einem brünstigen Vogellied,
Dieweil aus dem Gewölb der fernen Stille her
Vom blauen Wald ohn Unterlaß der Kuckuck ruft
Und goldene Kugeln in die Stunden wirft.

Hans Heinrich Ehrler

BRÜCKENWEHR AN DER TAUBER

Die grüne Dämmerung der Ufer,
an denen es sich behaglich ruhen läßt.
Büsche, aufgetürmt über einem
langsamen Nachmittag.
Drüben der Hang, der in
den schmalen Himmel wächst.
Das Haus, ganz eingesunken
in seine grünen Jahre.
Nur das Wasser, aufgewirbelt
am Wehr, stürzt geschwätzig vorbei,
Schaum vor dem Mund.

Hans Dieter Schmidt
(Nach dem nebenstehenden Gemälde von Otto Modersohn)

1

2

3

4

Karl Bröger, Schriftsteller
† 1944 Erlangen

Mai

5

6

7

8

9

10

11

12

Johann Peter Uz, Lyriker
† 1796 Ansbach

13

Friedrich Wilhelm von Meyern
Schriftsteller
† 1829 Frankfurt am Main

14

15

Es steht dem Odenwald die schwermütige, an Bässen reiche, heroisch-elegische Sonate mit volksliedhafter Führung zu.

Das Bauland hat die pastorale Weite, Glockenklang und Schäfereinsamkeit auf den hochebenen Weiden, getragene, gregorianische Choralweise, kirchweihselige Tanztakte dazwischen, und dies alles ein wenig barock verbrämt.

Und schließlich tönt der Taubergrund mit seinen Mühlen und straff abfallenden Talwänden, seinen Burgen und Schlössern, seinen wehrhaften Städten mit den gotischen Giebeln, die alle Romantiker entzückten, in der lyrisch-romantischen Tondichtung sein Wesen hinaus, bunt wie Jubel und leise wie die Sagen, mit hellem Geigenklang und dem weichen Alt der Viola d'amore.

Hermann Eris Busse

REISE AN DER TAUBER

Das ist ein Gewässer! Das ist ohne Grund.
In ihm spiegeln sich die Hügel rund.
Aus dem dunkelgrünen Wasser
lockt der Melusinenmund.

Wenn ich aufwärts reise an der Tauber,
Überfällt mich immer ein geheimer Zauber,
Irgend etwas steht mit einer Herrlichkeit im Bund.

Und die Reise duftete nach Obst und Wein,
Abends mußte er mit Lust getrunken sein,
Mittags glühten seine Traubenkugeln
heiß im roten Stein.

Und die Reise ging in viele Türen,
Viele Türen zu beglückter Rast verführen;
Denn in vielen glänzte Heiligenschein.

Und die Reise ging durch vielen Wald,
Vieles in den Dörfern war jahrhundertalt,
In der Kirche stand die Holzgestalt.

16
17

Friedrich Rückert
Dichter und Orientalist
* 1788 Schweinfurt

Und es war die gleiche stille Mutter,
Welche aus der Türe kam, den Arm voll Futter,
Wie sie formte höchste Kunsteinfalt.

Ein Betörendes in manchen Frauen schlief –
Kam es von dem Fluß, der durch die Wiesen lief
Und mit Wassermärchen unter Brücken rief?

Alle schienen sie geschnitzt von Riemenschneider,
Lichtumschimmert, gütig lächelnd, heiter
Und von Mutterdemut tief.

Hohe Stirnen glänzten unterm Haar,
Rundgewölbte, flächig, holzweiß, klar.
Und die Augen boten fromme Demut dar.

Aber in der Dämmerung,
vom Sommermond beschienen,
Wurden sie zu rotgelippten Melusinen.
Und sie küßten feucht und wunderbar.

Anton Schnack

18
19

49

Mai

20
21
22

G. Harro Schaeff-Scheefen, Schriftsteller
† 1984 Kirchberg/Jagst

Ich zog über Schwäbisch Hall auf den einsamen Straßen weiter. Die Gegend war öde, die Landstraße leer, der Himmel mit dunklem Gewölk bedeckt; ich wurde des langen Wanderns endlich müde, besonders da ich jetzt wieder allein war. Der Abend war heute zeitiger eingebrochen; ich war froh, als ich auf den jenseitigen Anhöhen eines kleinen Flusses eine Stadt erblickte, deren viele Türme und Türmchen ihr ein bedeutendes und altertümliches Ansehen gaben. Ich fragte: es war Rothenburg an der Tauber. Jetzt besann ich mich, daß ich diesen Namen in Musäus' Volksmärchen gelesen hatte, und zwar in der Schatzgräbergeschichte, wo die Schäfergilde ihr herkömmliches Fest in Rothenburg feiert. Die Geschichte hatte mir immer ganz besonders gefallen, und jetzt war ich ganz unverhofft in ihr romantisches Gebiet gekommen. Der Abend dämmerte bereits, als ich in die engen, holprigen Straßen trat. Die Häuser mit den hohen, spitzen Giebeln, die Stockwerke immer das darunterliegende überragend, altertümliche Schilder und Innungszeichen, gotische Kapellen und Kirchen, aber selten ein paar Menschen in den Gassen, alles so still in dieser Dämmerstunde! – Ich glaubte, plötzlich ins Mittelalter versetzt zu sein, besonders als ich in die Herberge trat. Eine kleine gotische Türe, zwei Stufen abwärts in den Hausflur zu steigen. Die Gaststube ein niedriger Raum, kleine Fenster mit runden Scheiben. An den Tischen saßen einige Männer in Kleidern, die auch aus Großvaters Zeiten zu sein schienen, bei ihrem Biere in hohen Zinnkrügen, wie ich sie nur aus Albrecht Dürer kannte. Ich saß hier bei meinem Abendessen hinter dem grünen, alten Kachelofen und lauschte dem Gespräch der Männer, wie Peter Block in der Erzählung; aber von einem verborgenen Schatz wurde nichts berichtet.

Ludwig Richter, Lebenserinnerungen eines deutschen Malers

23

24

25

Franz Wilhelm Freiherr von Ditfurth
Volksliedsammler
† 1880 Nürnberg

Mai

26

27

28

29

30

Claire Goll, Lyrikerin
† 1977 Paris

31

Ernst Heimeran
Schriftsteller und Verleger
† 1955 Starnberg

Geschter Noocht
hat dr Hiiml
Schtäere ausgsetzt.
Überool ou de Häng
blüehwe
Schternbilder uff.

Gottlob Haag

Juni

Drinnen im Strauß

Der Abendhimmel leuchtet wie ein Blumenstrauß,
Wie rosige Wicken und rosa Klee sehen die Wolken aus,
Den Strauß umschließen die grünen Bäume und Wiesen.
Und leicht schwebt über der goldenen Helle
Des Mondes Sichel wie eine silberne Libelle.
Die Menschen aber gehen versunken tief drinnen im Strauß,
Wie die Käfer trunken und finden nicht mehr heraus.

Max Dauthendey

Juni

1

2

Hans von Wolzogen, Schriftsteller
† 1938 Bayreuth

Das ist eine Stadt, die steckt voll Raritäten, wie die
Kommode einer alten Großmama, die viel zusam-
menscharrte. Ich hatte für Bamberg auch nur einen
Tag angesetzt; aber es werden inklusive des Besuchs
der Pommersfelder Galerie wohl drei daraus gemacht werden müssen, will ich von meinem Hier-
sein etwas haben.

Das Erste ist immer, einen Überblick von einer Stadt
zu gewinnen; und deshalb stieg ich auch gleich in
der Frühe auf den Michaelsberg, eine Anhöhe dicht
an der Stadt, worauf die Michaelskirche und das
Stift liegt, und von welcher man Bamberg zwischen
seinen Hügeln daliegen sah, und der hellste Sonnenschein dem Blicke die großen Gebirgsketten, die
Rhön, die Staffelberge, die Thüringer Gebirge und
die fränkischen in voller Klarheit zeigte, die das weite Tal umziehen, in welchem der fromme Kaiser
Heinrich mit seiner Kunigunde sein geliebtes Hoch-
stift gründete.

Der Anblick der Stadt ist deshalb besonders stattlich,

weil sie wie Rom auf sieben Hügeln weniger zwei, nämlich auf fünf, erbaut ist, und gerade die Kirchen, Stifter und Klöster mit ihren Türmen und Kuppeln auf den Hügeln stehen, so daß sich die Umrißlinien der Physiognomie von Bamberg für das Auge äußerst bedeutend und schwungvoll ziehen. Dazu kommt, daß die Regnitz in mehreren Armen die Stadt durchfließt, die Stadtteile daher auf Inseln liegen und Brücken die Verbindung dieser Inseln herstellen, was dem Ganzen einen äußerst belebten, anmutig variierten Charakter gibt.

Karl Immermann

Wenn Nürnberg mein wär', wollt' ich's in Bamberg verzehren!

Fränkisches Sprichwort

3

Johann Konrad Grübel, Mundartdichter
* 1736 Nürnberg

4

5

6

7

8

9

10

Leo Weismantel
Schriftsteller und Pädagoge
* 1888 Obersinn/Rhön

11

12

Ludwig Friedrich Barthel, Lyriker
* 1898 Marktbreit
Sigismund von Birken, Dichter
† 1681 Nürnberg

13

BLÄTTER

Blätter, geädert,
durchsonnt,
im Wind
sehen zu dürfen,
schmerzlos sehen zu dürfen
im Mittag vorm Schlafen –
und eben bis jetzt nicht an den Mörder Krebs
und seine geheime Gemeinde denken,
ist das, sind die Sommerblätter das Leben?

Willi Habermann

WANDERLIED

Wohlauf, die Luft geht frisch und rein,
Wer lange sitzt, muß rosten;
Den allersonnigsten Sonnenschein
Läßt uns der Himmel kosten.
Jetzt reicht mir Stab und Ordenskleid
Der fahrenden Scholaren,
Ich will zu guter Sommerzeit
Ins Land der Franken fahren!

Der Wald steht grün, die Jagd geht gut,
Schwer ist das Korn geraten;
Sie können auf des Maines Flut
Die Schiffe kaum verladen.
Bald hebt sich auch das Herbsten an,
Die Kelter harrt des Weines;
Der Winzer Schutzherr Kilian
Beschert uns etwas Feines.

Wallfahrer ziehen durch das Tal
Mit fliegenden Standarten,
Hell grüßt ihr doppelter Choral
Den weiten Gottesgarten.
Wie gerne wär' ich mitgewallt,
Ihr Pfarr' wollt mich nicht haben!
So muß ich seitwärts durch den Wald
Als räudig Schäflein traben.

Zum heiligen Veit von Staffelstein
Komm ich emporgestiegen
Und seh' die Lande um den Main
Zu meinen Füßen liegen:
Von Bamberg bis zum Grabfeldgau
Umrahmen Berg und Hügel
Die breite, stromdurchglänzte Au –
Ich wollt', mir wüchsen Flügel.

Einsiedelmann ist nicht zu Haus,
Dieweil es Zeit zu mähen;
Ich seh ihn an der Halde drauß
Bei einer Schnittrin stehen.
Verfahrner Schüler Stoßgebet
Heißt: Herr, gib uns zu trinken!
Doch wer bei schöner Schnittrin steht,
Dem mag man lange winken.

Einsiedel, das war mißgetan,
Daß du dich hub'st von hinnen!
Es liegt, ich seh's dem Keller an,
Ein guter Jahrgang drinnen.
Hoiho! die Pforten brech' ich ein
Und trinke was ich finde ...
Du heiliger Veit von Staffelstein,
Verzeih mir Durst und Sünde!

Joseph Victor von Scheffel

Juni

14
Ernst Penzoldt, Schriftsteller und Bildhauer
* 1892 Erlangen
Hans Heinrich Ehrler, Dichter
† 1951 Waldenbuch/Schönbuch

15

16

17

18

19
Ernst Heimeran
Schriftsteller und Verleger
* 1902 Helmbrechts

20

21

Reben, Meßgeläut und Main
Und Bamberg, das ist Franken.

Sprichwort

Johann Jakob Wilhelm Heinse Schriftsteller † 1803 Aschaffenburg	22
	23
	24
	25
Max Stirner, Philosoph † 1865 Berlin	26
	27
Oskar Freiherr von Redwitz Schriftsteller * 1823 Lichtenau	28

Juni

29

30

SOMMERSILHOUETTE

die Sonne
steigt
in den Fluß

der Angler
kehrt der Zeit
den Rücken

er zählt
die Stunden
nach Fischen

Gottlob Haag

Juli

Im Frühling las ich wieder
Das Lied der Lieder;
Nun in des Sommers Glut
Les' ich das Büchlein Rut:
Solchen Sommergeruch,
Ährenduft,
Ernteluft,
Hat kein anderes Buch.

Friedrich Rückert

Juli

1
Thea von Harbou, Schriftstellerin
† 1954 Berlin

2

3
Oskar Freiherr von Redwitz
Schriftsteller
† 1891 Bayreuth

4

5

6

7
Karl Heinrich Ritter von Lang, Schriftsteller
* 1764 Balgheim bei Nördlingen
Hans Heinrich Ehrler, Dichter
* 1872 Mergentheim

8

So wurde das Entstehen der Stadt [Dinkelsbühl] und des Klosters, das dazu Veranlassung gab, jährlich am Hauptfest der Karmeliten gefeiert. Zwei Kinder, ein Knabe und ein Mädchen, wurden in altertümlicher Bauerntracht, aber sehr nett und zierlich als Dinkelbauer und Dinkelbäurin verkleidet: der kleine Dinkelbauer mit grauem, spitzigem Hut, brauner Jacke, rotem Brustlatz, grünem Hosenträger und weiten schwarzen Pumphosen; die Dinkelbäurin mit dem eigentümlichen Kopfputz uralter Zeit, weißen Hemdärmeln, scharlachrotem, mit Gold- und Silberketten verziertem Mieder, weißer Schürze und einem langen schwarzen Rock, ringsum mit Bändern von allerlei Farben verziert. Der Bauer hatte auf seinem Hut ein Sträußchen von Dinkelähren und in der Hand einen Dreschflegel. Der Kopfputz der Bäurin war mit roten und blauen Kornblumen geschmückt, und in der Hand trug sie eine Sichel und an dem Arme ein zierliches Körbchen mit Konfekt, von dem sie ihrem Bauern von Zeit zu Zeit freundlich mitteilte. Beide Figürchen wurden auf einen Triumphwagen gesetzt und durften, von sechs Waisenknaben gezogen, bei der feierlichen Prozession mitfahren. Das Landvolk, das zu diesem Feste zahlreich herbeiströmte, hatte an dieser Vorstellung oder, wenn man will, an dieser Spielerei großes Vergnügen. Die Bauersleute freuten sich, daß man einen Bauern so ehre, und fühlten sich mitgeehrt. Man verstand sich damals sehr wohl darauf, was Leute freue und das Volk zufrieden und vergnügt mache.

Christoph von Schmid

JULI

Im Abend schweigen Mund und Stund.
Noch eine Grille geigt im Feld,
Geigt nur auf einer Saite und
Füllt doch die ganze Welt.

Hans Heinrich Ehrler

9

10

11

12

13

Julius Reichsgraf von Soden
Theaterschriftsteller
† 1831 Bamberg

14

Juli

15
16
17
18

AM WEIHER

Außer unseri Weiher ham mir dou ohm aff der Franknhöh ka Wasser. Mir ham ah ka Sehnsucht nachm Meer. Manchmol kummer mer scho bis zum Main. Wenndsd der dort di Fabrikn ohschaust, mahnst, si hättn Elefantnrissl und saufn in ganzn Fluß aus. Frejer homm di Laid gmahnt, in di Fliss hockert ä Gott. Haint hockt blouß nu der Wurm drinner, und kanner waß mehr, wem der Fluß ghärt. Gschtulln hams'n uns, in Fluß; dej saufnen nu ganz aus, werscht sehng! Und der naje Kanål – su schee wie er is: ä Fluß werd des kanner. Wenndsd im Sum-

68

19

Nikolaus Fey, Mundartdichter
† 1956 Gerolzhofen
Friedrich Dessauer, Biophysiker und Philosoph
* 1881 Aschaffenburg

20

Carl Julius Weber, Schriftsteller
† 1832 Kupferzell bei Künzelsau

21

Anton Schnack, Dichter
* 1892 Rieneck

22

Johann Kaspar Zeuss, Sprachforscher
* 1806 Vogtendorf bei Kronach

mer di toutn Fiisch mitn Bauch nach ohm vorbei-
dreihm siechsd, kennst greina, und du frouchst di,
worums in di Ämter net scherfer durchgreifn. Bei
uns im Weiher siechsd ah manchmol än toutn
Karpfn – obber mit Fleiß wern dej net hiegmacht.
Außer unseri Weiher ham mir dou ohm aff der
Franknhöh ka Wasser. Manchmal kummer mer scho
bis zum Main; mir schaua si di Schiff oh und di
Lastkähn. An ä poor Eckn is des scho ä scheena Fluß;
di Pengertz is dergeng ä rechts verdrucknts Zwetsch-
gawaibla. Uns langa unseri Weiher.

Godehard Schramm

DOLL EIGRICHT

Alles doll eigricht.
Baureaufstand fuchzäehfünfezwanzg,
und die Rach:
Wie e Bächle s Bluet noo die Gaß.
Worum?

Hexeverbrenning.
Haaß mrsch doch aafach Mord.

Ooghackti Hend,
ausglüebti Aache.
Haaß mrsch doch Mord.

Napalmverbrennti Mensche.
Haaß mrsch Mord.

Und alles
und immer
im Noeme vom Reecht.

Vorbei.
Vorbei?
Wos führt'n die Welt vor alli Dooch?

(Und e Zeitlang drnoech
floriert immer
dr Fremdeverkehr.)

Wilhelm Staudacher

23

24

Albrecht von Eyb, Humanist
† 1475 Eichstätt

25

Max Dauthendey, Dichter
* 1867 Würzburg

26

Julius Maria Becker, Schriftsteller
† 1949 Aschaffenburg

27

Ludwig Feuerbach, Philosoph
* 1804 Landshut
Clemens Brentano, Dichter
† 1842 Aschaffenburg

28

Friedrich Gottlob Wetzel
Schriftsteller
† 1819 Bamberg

29

30

AN DER ALTMÜHL

Fischsatt und algengrün,
doch arm an alten Mühlen
trollt sie der Donau zu,
als hätt' in ihrem kühlen

Grunde einer ein Volkslied
erdacht und sich gesungen,
so voll Ichweißnichtwie,
doch fränkisch noch gelungen.

Ist arm an Ackerbreiten,
bedürftig keines Glücks,
wenn ich im Schiefer spähe
nach Archaeopteryx.

Urvogel, Krebs verschollen.
Erlkönig huscht über Asphalt.
Die Wasserschlange rollt,
das Schilf weht grau und alt.

Carlheinz Gräter

August

Wilder Mohn

So glanzvoll war niemals Byzanz
Wie im Goldfeld des Weizens der Mohn,
Der heidnischen Mehle Monstranz –
Byzanz versank lange schon.

Und nie wieder taucht es empor,
Indessen der Mohn erneut
Den uralten magischen Flor
In des Weizengolds Meere streut.

Was ist auch Byzanz, das einst heiß
Verbrannte im goldenen Tod,
Solange der Zauberkreis
Des Mohnes den Weizen umloht!

Hier lebt jetzt das Wunder Byzanz
Und ging als verwandeltes ein
In den großen Glorienglanz
Von Mohn und Weizenschein.

Friedrich Schnack

August

1

2

3

4

5

6

Franz Oberthür, Gelehrter
* 1745 Würzburg

7

8

Josef Dürr, Mundartdichter
* 1877 Tauberbischofsheim

9

10

DIE LILIENNYMPHE

Gott hat mein Kleid gesticket ohn mein Sorgen,
Mit Silber mich beglücket spat und morgen;
Die Lilie, szeptergleich gestaltet,
Hoch über alle Blumen waltet, mit Pracht beschmük-
ket.

Der weise König Salomon den Lilien weicht,
Sein hoher Thron und Königskron sich mir nicht
gleicht;
Weil ihn der Weiber Lust verführet,
Ist er nicht wie ich bin gezieret, weiß, rein und
schön.

Der in erhabnen Würden lebt und ist befleckt,
In dessen Herz und Munde schwebt, was ihn er-
steckt.
Die aber reine Geister haben,
In denen sind des Höchsten Gaben bald aufgeweckt.

Georg Philipp Harsdörffer

August

11

12

Nürnberg steckt voll von schönen und merkwürdigen Sachen, und schon im Germanischen Museum habe ich mich zwei Stunden lang dumm gelaufen. Aber zum Wohnen möchte ich die Stadt nicht, es ist mir zu eng zwischen den himmelhohen Häusern mit den hohen Spitzdächern. – Ferner macht mir die Umgegend von Nürnberg förmlich übel, dies sandige Wellenland mit Fichten und Rüben; auch erfuhr ich, daß hier heftig Tabak gepflanzt werde, und glaube sogar, daß diejenige Havanna, welche ich eben jetzt rauche, aus leidlicher Nähe stammen möchte. – Doch muß ich zum Lobe Nürnbergs noch beifügen, daß auch viel Meerrettich gepflanzt wird, welchen ich sehr liebe. Doch genügt Meerrettich noch nicht, um über eine ganze, absolut weinlose Gegend einen verklärenden Schimmer zu verbreiten. Auch pflegt er etwas aufzustoßen. Daher ich mich denn nicht wenig auf Bamberg und Würzburg freue. Solche alte Pfaffenstädte haben immer etwas Verlottertes und Fideles, wie ich es gern habe.

Jacob Burckhardt, Brief vom 31. August 1877

August

13

14

15
Christoph von Schmid, Jugendschriftsteller
* 1768 Dinkelsbühl
Sophie von Hoechstetter, Schriftstellerin
* 1873 Pappenheim

16

17

18
Leonhard Frank, Schriftsteller
† 1961 München

19

20

Ich, die Pegnitz, sinnreich heiter,
Bring den Kindern Spielerei:
Trommeln, Pfeifen, Puppen, Reiter
Führ aus Nürnberg ich herbei.

Arche Noä, Gänsespiele,
Pfefferkuchen, buntes Wachs,
Bilderbücher, ei wie viele!
Und manch Liedlein von Hans Sachs …

Clemens Brentano

21

22

23

Albrecht von Eyb, Humanist
* 1420 Schloß Sommersdorf bei Ansbach

24

25

DER RAUCHTABAK

Subald i fröih von Schlauf derwach',
Souch' i mei Pfeifla scho,
Und abends, wenn i schlauf'n geih',
Su hob' i's Pfeifla no;
Denn wos i denk' und treib'n will,
Und alles, wos i tou,
Dös geiht mer alles nit su gout,
Mei Pfeifla mouß derzou.

I brauch' ka rara Pfeif'n ih,
Su eit'l bin i niet.
A Pfeif'n, döi su teuer is,
Wos töt' i denn nau miet?
Dau möißt' i jo, su lang i rauch',
Ner immer putz'n droh,
Und zehamaul in aner Stund
Nau wider schaua oh.

Doch mouß mei Pfeifla reinli sei
Und innawendi putzt;
A schöina Pfeif'n, und verstopft,
Döi, siech i nit, wos s' nutzt.
Verlöiern kon i kana niet,
Dös koh scho goar nit sei;
Denn kam ist s' leer und kolt a weng,
Su füll' i s' wieder ei.

Wenn i a Böier trink'n sollt,
Und rauchet' nit derzou,
I könnt' ka Mauß nit trink'n ih;
Su langa oft nit zwou.
Und wenn i fröih mein Kaffee trink'
Und zünd' mei Pfeifla oh,
Dau glab' i, daß ka Mensch nit leicht
Wos Bessers hob'n koh.

Und wenn i aff der Gass'n geih',
Su fröih und Abendszeit,
Rauch' i mei Pfeifla ah der derzou,
Und scher' mi nix um d'Leut';
Denn korz, wenn i nit rauch'n tou,
Su wörd's mer angst a bang;
Drum wörd's mer ah, verzeih' mer's Gott!
Oft in der Körring z'lang.

Johann Konrad Grübel

26

27

28

August

29

Max Dauthendey, Dichter
† 1918 Malang/Java

30

Franz Oberthür, Gelehrter
† 1831 Würzburg

31

Konrad von Würzburg, Dichter
† 1287 Basel

Cranach ist einer der kraftvollen, spähend ins Freie ausbrechenden Landschafter, der Tannendickicht, Hirsche und Burgzinnen mit dem Sinn des Franken-wäldlers für Krauses und Gezacktes festhielt. Er steht schon dicht vor dem Märchenwald der romantischen Naturverzauberten.

Eugen Skasa-Weiß

September

Herbsthauch

Herz, nun so alt und noch immer nicht klug,
Hoffst du von Tagen zu Tagen,
Was dir der blühende Frühling nicht trug,
Werde der Herbst dir noch tragen!

Läßt doch der spielende Wind nicht vom Strauch,
Immer zu schmeicheln, zu kosen.
Rosen entfaltet am Morgen sein Hauch,
Abends verstreut er die Rosen.

Läßt doch der spielende Wind nicht vom Strauch,
Bis er ihn völlig gelichtet.
Alles, o Herz, ist ein Wind und ein Hauch,
Was wir geliebt und gedichtet.

Friedrich Rückert

September

1

2
Johann Friedrich von Cronegk, Dramatiker
* 1731 Ansbach

3
Christoph von Schmid, Jugendschriftsteller
† 1854 Augsburg

4
Leonhard Frank, Schriftsteller
* 1882 Würzburg

5

6
Magnus Daniel Omeis, Gelehrter
* 1646 Nürnberg

7

8

... strömst tiefgrün wie ein Alpensee,
durchsichtig bis zum Grunde ...
Forellen schnalzen in die Höh',
gern prüft ich sie im Munde.

Joseph Victor von Scheffel,
Exodus Cantorum, über die Wiesent

Ich brauche die Namen und Werke der romantischen Anbeter der Fränkischen Schweiz, der Immermann, Tieck, Scheffel, Jean Paul, Fürst Pückler, Platen, Ernst Moritz Arndt, Ludwig Richter und vieler anderer gar nicht mehr aufzuzählen, denn ihre vergilbten Liebeserklärungen gehören zum Grundbestand der nicht mehr zu übertreffenden Preislieder auf unser gelobtes Land. Ihre Hymnen werden in jedem Reiseführer und Fränkischen Schweiz-Buch dankbar zitiert und hervorgehoben. Sie gelten als unumstößlicher Beweis für die Romantik der Gegend und als dichterisches Patent für das damals zu einer zweiten Schweiz, zu einer Fränkischen Schweiz erhobene Gebiet ...

Am glänzendsten vereinigen auf jeden Fall die Täler der Wiesent und ihre Nebentäler das, was die Vorstellung unter dem Namen Fränkische Schweiz versteht: Wo Felsenschluchten und verschlossene Täler nach den Hornklängen aus der tiefen Brust eines Postillonpoeten verlangen, um in vielfachem Echo aus Höhlenmündern und Seitennischen in dessen Schauern und in dessen Entzücken einzustimmen, da liegt das gerühmte Arkadien der Romantiker.

Hans Max von Aufseß

9

10

11

12

Ludwig Feuerbach, Philosoph
† 1872 Rechenbach bei Nürnberg

13

14

15

Hans Folz, Meistersinger
† vor dem 16. Juli 1515 Nürnberg
Leo Weismantel, Schriftsteller und Pädagoge
† 1964 Rodalben/Pfalz

16

SEPTEMBER

Den Kohl, den du dir selber gebaut,
Mußt du nicht nach dem Marktpreis schätzen;
Du hast ihn mit deinem Schweiß betaut,
Die Würze läßt sich durch nichts ersetzen.

Friedrich Rückert

17

18

19
Johann Georg Meusel, Gelehrter
† 1820 Erlangen

20

21

22
Georg Philipp Harsdörffer, Dichter
† 1658 Nürnberg

September

23

24

25

26

Anton Schnack, Dichter
† 1973 Kahl am Main

LATWERGE

In den kühlen Wandnischen standen die blaubäuchi-
gen irdenen Töpfe, mit Drachenzungen beringelt,
zugebunden mit knitterndem Pergamentpapier, das
nach Salizylsäure roch: darunter stand erstarrt,
manchmal von einer Schicht weißen Schimmels
übersprenkelt, die braune und zähe Masse der Lat-
werge. Fahlblau war der Herbst der Frankenzwetsch-
gen. Durch die Hügelmulden und Steingärten ging
der Nachmittag mit traumhafter Stille und Blätter-
fall.

Anton Schnack

September

27

28

29

30

Oskar Panizza, Schriftsteller
† 1921 Bayreuth

Ein Maidlin von zehn Jahren
ist eine Weintraub,
von zwanzig Jahren ein Most,
von dreißig Jahren ein Wein,
von vierzig Jahren ein Essig.

Fränkisches Sprichwort

Oktober

Herbst in Castell

Schönster Hügel
ist hier die Kirche.

Die Pappeln
wechseln ihre Livree.

Im Reitsteig
zehnten die Stare
den Herbst.

Stuckkühler Efeu
ernüchtert die Zecher
sonntags unter der Kanzel.

Die Initiale
am Schloß gilbt
in der Sonne. Anmut
schickt sich ins Alter.

Das Jahr
hat einen leichten
Tod.

Schönster Hügel
ist hier die Kirche.

Carlheinz Gräter

OPFERGABE

Pflück nicht jede Beere,
Laß eine hängen am Busch,
Daß sie ein Vogel verzehre
Beim leichten Vorüberhusch:
Du bist nicht Erbe allein,
Gott setzte auch andere ein!

Pflück nicht jede Traube,
Laß eine hängen am Stock,
Ein Wandrer kommt aus dem Staube
Mit regenverwaschenem Rock:
Du bist nicht Winzer allein,
Gott schenkte auch ihm den Wein!

Ernte nicht jede Frucht,
Laß eine übrig am Ast,
Wenn dich ein Toter besucht,
Daß du zu schenken hast:
Gib seiner Schattenhand
Speiseopfer und Pfand!

Dir ist die Erde geliehn,
Ihm ist sie Eigentum.
Was dir im Sommer gediehn,
Ist nur ein flüchtiger Ruhm:
Bald wirst du bei ihm sein
Und spähst in den Garten herein!

Friedrich Schnack

Oktober

1

2

3

Johann Peter Uz, Lyriker
* 1720 Ansbach

4

5

6

7

8

9

10

11

Der Sauser stürmt mir durchs Gehirn.
Ich bin so wohlgelaunet,
ich schätze selbst, was sonst mich stört,
ich tanze mit meinem Schatten,
weil es mir so wohl gefällt,
und um jede dieser Freuden
würde ich die Welt vergeuden,
wäre ich der Schah der Welt!

Wenn ich Staub zum Staube sinke,
keine Seele um mich klage.
Meinen Sarg beut aus den Dauben,
in die Hand legt mir den Becher,
denn ich sterbe in dem Glauben,
daß ich Wein am Jüngsten Tage
aus der Morgenröte trinke.

Ludwig Derleth

Beim Iphöfer guckt dem Zecher
die Muse in den Becher.

Hans Pfitzner
in einem Gästebuch

12

13

14

Johann Michael Dilherr, geistlicher Lyriker
* 1604 Themar/Thüringen

15

16

17

Bernhard Kellermann, Schriftsteller
† 1951 Klein-Glienecke bei Potsdam
Eugen Skasa-Weiß, Schriftsteller
† 1977 London

18

19

Eulogius Schneider
Kirchenliederdichter
* 1756 Wipfeld am Main

20

21

22

23

Wein, der große Alchimist,
unsres Lebens Leben ist.
Wein verwandelt alle Dinge
und erhöht auch das Geringe,
und er läßt aus niedern Erden
zartes Gold des Fleisches werden.
Ohne diesen Zeitvertreiber
bleiben lästig selbst die Weiber.

Ludwig Derleth

Oktober

24

August Graf von Platen, Dichter
* 1796 Ansbach

25

Karl Alexander von Gleichen-Rußwurm
Kulturhistoriker
† 1947 Baden-Baden

26

Max Stirner, Philosoph
* 1806 Bayreuth
Moritz August von Thümmel, Schriftsteller
† 1817 Coburg

27

28

29

Claire Goll, Lyrikerin
* 1890 Nürnberg

30

31

November

An eine Geisblattranke

Zwischen Fichtenwäldern in der Öde
Find' ich, teure Blüte, dich so spat?
Rauhe Lüfte hauchen schnöde,
Da sich eilig schon der Winter naht.

Dicht auf Bergen lagen Nebelstreifen,
Hinter denen längst die Sonne schlief,
Als noch übers Feld zu schweifen
Mich ein inniges Verlangen rief.

Da verriet dich dein Geruch dem Wandrer,
Deine Weiße, die dich blendend schmückt;
Wohl mir, daß vor mir kein andrer
Dich gesehn und dich mir weggepflückt!

Wolltest du mit deinem Dufte warten,
Bis ich käm' an diesen stillen Ort?
Blühtest ohne Beet und Garten
Hier im Wald bis in den Winter fort?

Wert ist wohl die spat gefundne Blume,
Daß ein Jüngling in sein Lied sie mischt,
Sie vergleichend einem Ruhme,
Der noch wächst, da schon so viel erlischt.

August Graf von Platen

WORTE VOM WEIN

Mancher Wein stand vor mir ganz allein.
Wo und wann? Die Stunden waren bitter,
Leben schien Gefangenschaft und Gitter,
Und es ging ein Wind vor einem Nachtgewitter,
Langsam schwanden Sorgen, Last und Pein.

   Bleiern stach der Blick ins Leere,
   Doch es löste sich die dumpfe Schwere
   Und ich dachte an die großen Meere.

Manchen Wein trank ich bei reichem Fest,
Auf den Tellern lagen Speisehaufen,
Und ich hörte fette Männer schnaufen,
Und ich war verwirrt vom Reden, Lachen, Saufen,
Und mein Herz war zunächst traurig und gepreßt.

   Und ich hatte Sehnsucht, irgendwo zu gehen,
   Irgendwo bei einem Kind zu stehen,
   Irgendwo in ein geliebtes Angesicht zu sehen.

1

Georg Philipp Harsdörffer, Dichter
* 1607 Fischbach bei Nürnberg
Benno Rüttenauer, Schriftsteller
† 1940 München

2

3

Ludwig Derleth, Dichter
* 1870 Gerolzhofen

Mancher Wein schoß heiß ins Blut,
Wein von meinen Eltern,
Wein aus alten Frankenkeltern.
Und er roch nach Rebhuhnjagd und Feldern,
Golden war er, voll und honiggut.

In ihm steckten viele Wonnen,
Krumme Gassen, Julisonnen,
Bauernjuchzer, Main-Madonnen.

Mancher Wein hielt uns des Abends wach
In den Stuben bei den kleinen Wirten,
Wo die Augen nach vergilbten Jägerbildern irrten,
Wo die Fliegen schwarz am Lichte schwirrten.
Und wir saßen da und dachten nach.

Dachten an den Fluß der Knabenjahre,
Dachten an den Glanz der Mädchenhaare,
Dachten einfach an das Wunderbare.

Anton Schnack

4

5

Hans Sachs, Meistersinger
* 1494 Nürnberg

6

Karl Alexander von Gleichen-Rußwurm
Kulturhistoriker
* 1865 Schloß Greifenstein bei Hammelburg

November

7

8

9

10
Johann Kaspar Zeuss, Sprachgelehrter
† 1856 Kronach
Josef Dürr, Mundartdichter
† 1917 Paschendaele/Flandern

11

12
Oskar Panizza, Schriftsteller
* 1853 Bad Kissingen

13

14
Jean Paul, Dichter
† 1825 Bayreuth

MARTINI KIRCHWEIHE

O heiliger Martine,
Kommst du nun bald ins Land?
Vom Himmel vollauf Regen,
Und Kot auf allen Wegen,
Das ist für dich ein Wetter,
Da bist du bei der Hand.

O heiliger Martine,
Die Gänse schreien schon;
Sie schreien sehr und klagen:
Es geht uns an den Kragen,
O seht das lange Messer!
Es kommt der Kirchweihpatron.

O heiliger Martine,
Die Braten sind im Haus,
Dazu die warmen Kuchen;
Mach nur, daß Gäst' uns besuchen,
Und sich nicht scheun vorm Wetter,
Du machst dir ja auch nichts daraus.

O heiliger Martine,
Laß klingen die Geigen im Land!
Laß tanzen, trinken und essen!
Auch deine Zeit ist gemessen;
Bald kommt die heil'ge Kathrine,
Und hängt die Geig' an die Wand.

Friedrich Rückert

AUCH EINE UNSTERBLICHKEIT

In seines Dorfes Kirchenbuch
Sind jedes Bauern Tod- und Lebensscheine,
Vielleicht mit einem frommen Spruch
Steht auch sein Nam' auf einem Leichensteine.

Das ist so viel Unsterblichkeit
Für ihn, wie für den stolzesten der Helden,
Von dem aus der Vergangenheit
Bestaubte Blätter der Geschichte melden.

Friedrich Rückert

15

Ezzo von Bamberg, geistlicher Dichter
† 1100

16

17

18

19

KRIEGERDENKMAL

ein Treffpunkt
für Hunde

alle
hier von Stapel
gelassenen Reden
haben kurze Beine

zu gerne
wird die Angst
als Heldenmutter
unterschlagen

um die Würde
der Toten zu wahren
wird gebeten
ehrlich zu sein

Gottlob Haag

NOVEMBER

Der späte Sämann wirft hinab
Dem Acker seinen Keim ins Grab,
Und wird der Hoffnung auch die Scholle schwer,
Es ist kein Grab, das nicht ein Acker wär.

Hans Heinrich Ehrler

Magnus Daniel Omeis, Gelehrter
†.1708 Altdorf bei Nürnberg

22

23

Wilhelm Ludwig Wekherlin, Publizist
† 1792 Ansbach
Georg Schneider, Schriftsteller
† 1972 München

24

25

Karl Siegmund von Seckendorff
Schriftsteller
* 1744 Erlangen

26

27

November

28

Hartmann Schedel, Arzt und Weltchronist
† 1514 Nürnberg
Johann Benjamin Erhard, Publizist
† 1827 Berlin

29

30

Karl Stöber, Erzähler
* 1796 Pappenheim

HOLZFLÖSSE

Es sind Holzflöße den Fluß hinabgekommen,
Die sind über die Spiegelbilder der Ufer geschwom-
men.
Es sind tote Wälder, die den Fluß hinabgleiten,
Schiffshölzer, die bald in die Salzmeere reiten,
Tote Leiber, um die einst grüne Kleider gehangen,
Über deren Falten die Sonne streichelnd gegangen.
In ihren Brüsten sangen die Vogelscharen,
Und ihre Brüste voll singender Seufzer waren.
Stumm schwimmen sie weiter, die hölzernen Lei-
chen,
Bald werden sie die bitteren Meere erreichen,
Wo sie wie Geister durch Unendlichkeit jagen
Und die Sehnsucht rund um die Erde tragen.

Max Dauthendey

108

Dezember

Wälder

Wohin ihr ausweicht –
steinernen Fußes
folgen euch die Städte.
Abends manchmal
sammelt sich eure Finsternis
vor funkensprühenden Straßen
und ihrem schlaflosen Geschrei.
Ihr wißt zu warten,
denn ihr seid zäh
und kommt wieder,
wenn die Häuser stürzen –
denn ihr seid wunderbar
und dauert im winzigen Halm.

Inge Meidinger-Geise

Dezember

1
2
3

Menschen Kind, dein' Last merck eben,
Ein Calender ist dein Leben.
Auff den rothen Frewden Tag
Folgt die Woche voller Plag.

Schau den Rauch, wie hoch er steiget,
Bald er sich zernichtet zeiget.
Nichts ist, wer will ettwas sein,
Wahre Hoheit macht sich klein.

Vögel, die dem Lock nach fliegen,
Bald im Garn verstricket liegen.
Mensch, diß Leben ist ein Herd,
Hüte dich, kein Vogel werd.

Melchior Adam Pastorius

WINTER UND ALTER

Sind ein Paar kalter
Freunde Winter und Alter:
Winter schröpfend,
Alter erschöpfend;
Winter zwackend,
Alter plackend;
Winter pustend,
Alter hustend;
Winter geht,
Alter steht;
Gerne wär' ich der beiden quitt,
Nähme Winter das Alter mit.

Friedrich Rückert

Julius Reichsgraf von Soden
Theaterschriftsteller
* 1754 Ansbach

4

August Graf von Platen, Dichter
† 1835 Syrakus, Sizilien
Willibald Pirckheimer, Humanist
* 1470 Eichstätt

5

6

7

Dezember

8

9

10

11

12
Michael Georg Conrad, Schriftsteller
† 1927 München

13
Georg Friedrich Daumer, Philosoph und Dichter
† 1875 Würzburg
Johann Trithemius, Humanist
† 1516 Würzburg

14

15

Eine der Worterfindungen Rückerts war „rauhge-struppt": und so läßt sich die baumborkige Welt an der vogtländischen, tschechischen und oberpfälzi-schen Grenze beim ersten Eintauchen aus dem Him-melblau ins Waldschratgrün anrufen: das teutsche Paradeiß im vortrefflichen Fichtelberge, wo man sich rauh nach dem Namen der Bergkuppe Ochsenkopf tituliert, inmitten eines getreulichen, freundlichen, aber doch fast grob, bäurisch, hart und starkangeleg-ten Volks, das Hitz und Frost in aller Müh und Ar-beit wohl leiden mag, wie in der Dürerzeit einer schrieb und plötzlich das deutsche Sprichwort: „Es ist ein grober Fichtelgebirgler" begriff.

Die Zeiten, in denen man von Hof nach Berneck im Schlitten kutschieren kann, während in Nürnberg schon der Frühling tiriliert, sind durchaus nicht vor-bei. Aber das Land der Perlenfischer um Rehau, der ersten deutschen Natur- und Felsenbühne auf der Luisenburg und der gebirglerischen Arbeiterschaft im Wald hält den neuzeitlichen Wintern längst die breite Pratze hin – im Gegensatz zu den bayerischen Alpen bleiben seine Skigelände schneesicher liegen und überrollen niemand mit Lawinen.

Eugen Skasa-Weiß

16

17

Kaspar Hauser, Findling
† 1833 Ansbach

18

19

Wilhelm Weigand, Schriftsteller
† 1949 München
Paul Schede, Humanist
* 1539 Mellrichstadt

20

21

Willibald Pirckheimer, Humanist
† 1530 Würzburg

22

Friedrich Wilhelm Güll
Kinderliederdichter
† 1879 München

23

Dezember

24

25

WEIHNACHTSLEGENDE

Stürme
verhalfen der Nacht
zu einem weißen Namen.

Die Einsamkeit
stand als Baum in der Landschaft
in dem schon
die Kreuzbalken wuchsen.

Versprengt und frierend,
in das Fahnentuch
ihres Atems gehüllt,
kamen sie aus den Wäldern
die Hügel herab,
auf der Suche
nach den Wurzeln des Sterns.

Thea von Harbou, Schriftstellerin
* 1888 Tauperlitz bei Hof

Sie erreichten das Dorf.
Es war alles verbrannt
und vom Stall
standen nur noch die Mauern.

Bethlehem
hatte die Geschichte
mitsamt seinem Namen
an Händler
und Spekulanten verkauft.

Sie suchten
und fanden den Stern,
doch er war ausgeglüht
und die Ferne tief
vom Heulen der Wölfe.

Gottlob Haag

Dezember

28

29

30

31

DEZEMBER

Wiedersehen ist ein schönes Wort,
Ist es nicht hier, so ist es dort:
Sei es nun dort oder hier,
Auf Wiedersehn scheiden wir

Friedrich Rückert

DIE KÜNSTLER

FRITZ BAYERLEIN (1872 Bamberg – 1955 ebenda) Lebte als Landschaftsmaler in München und Bamberg

FRIEDRICH FEHR (1865 Werneck – 1927 Polling) Studium in Düsseldorf. Von 1899 bis 1924 Professor an der Akademie in Karlsruhe.

PHILIPP FRANCK (1860 Frankfurt am Main – 1944 Berlin) Studium in Düsseldorf, arbeitete 1888–1891 in Würzburg; später Direktor der Staatlichen Hochschule für Kunsterziehung in Berlin.

ERICH HECKEL (1883 Döbeln – 1970 Konstanz) Arbeitete Mitte der zwanziger Jahre in Würzburg. Expressionistischer Maler und Graphiker.

HEINZ KISTLER (*1912 Berlin) Studium in München, lebt in Bad Kissingen. Meisterlicher Landschaftsmaler, vor allem der Rhön.

LUIGI MALIPIERO (1901 Triest – 1975 Würzburg). Maler, Bühnenbildner, Schauspieler und Regisseur. Gründete in Sommerhausen am Main im Torturm „das kleinste Theater Deutschlands".

OTTO MODERSOHN (1865 Soest – 1943 Rotenburg/Niedersachsen) Mitbegründer der Worpsweder Malerkolonie. Malte in den zwanziger Jahren in Würzburg und Wertheim.

JOHANN SPERL (1840 Nürnberg-Buch – 1914 Aibling) Studium in Nürnberg und München, Freund Wilhelm Leibls.

GIOVANNI BATTISTA TIEPOLO (1696 Venedig – 1770 Madrid) Malte 1750–1753 Treppenhaus und Kaisersaal der Würzburger Residenz aus.

GUNTER ULLRICH (*1925 Würzburg) Studium in München, arbeitet seit 1952 als Kunsterzieher in Aschaffenburg. Maler und Graphiker der Mainlandschaft.

VERZEICHNIS DER ABBILDUNGEN

DIE AUTOREN

HANS MAX VON AUFSESS (*1906 Berchtesgaden) Ehemaliger Generaldirektor der Herzoglich Sachsen Coburg und Gotha'schen Hauptverwaltung, lebt in Oberaufseß und schreibt Essays zur fränkischen Landeskunde. „Fränkische Impressionen" (1965), „Die Wendeltreppe" (1968).

ENGELBERT BACH (*1929 in Kitzingen) Lebt dort als Handwerksmeister. Gilt als einer der Erneuerer der fränkischen Mundart. „Schießbuednbluma und andere Kirchweihgeschichten" (1971), „Lieber gsund und reich. Gedichte und Geschichten" (1976).

JULIUS MARIA BECKER (1887 Aschaffenburg – 1949 ebenda) Begann als expressionistischer Lyriker, schrieb für die Bühne „Das letzte Gesicht" (1919), „Der Brückengeist" (1929), „Warenhauskomödie" (1930); „Mit deinen Küssen verschönst du den silbernen Abend. Gedichte" (1979).

RUDOLF G. BINDING (1867 Basel – 1938 Starnberg) War Kavallerieoffizier, schrieb Lyrik und Erzählungen in strenger Form. Gesammelte Werke (1954), Briefe (1957).

CLEMENS BRENTANO (1778 Ehrenbreitstein/Koblenz – 1842 Aschaffenburg) Musikantischer Lyriker der Romantik, gab mit Achim von Arnim die Liedersammlung „Des Knaben Wunderhorn" heraus. Werke (1978).

WOLFGANG BUHL (*1925 Reinsdorf/Sachsen) Lebt als Rundfunkredakteur in Nürnberg, gab neben zahlreichen Sammelwerken die gewichtige Literaturgeschichte der Landschaft „Fränkische Klassiker" (1971) heraus.

JACOB BURCKHARDT (1818 Basel – 1897 ebenda) Kultur- und Kunsthistoriker. Seine „Weltgeschichtlichen Betrachtungen" wandten sich gegen den Fortschrittsglauben der Zeit. Gesammelte Werke (1955–1959), Briefwechsel (1948).

HERMANN ERIS BUSSE (1891 Freiburg im Breisgau – 1947 ebenda). Weniger als Verfasser zahlreicher Bauernromane denn als Landeskundler und Herausgeber der „Badischen Heimat" verdient und angesehen.

DAUTHENDEY, MAX (1867 Würzburg – 1918 Malang/Java) Impressionistisch farbenstarker Lyriker und Erzähler. Starb, interniert, „müde vom Heimweh". Gesammelte Werke (1925), Gesammelte Gedichte (1930). Seit 1951 besteht in Würzburg die Max Dauthendey-Gesellschaft.

LUDWIG DERLETH (1870 Gerolzhofen – 1948 San Pietro di Stabio/ Schweiz) Wollte als Prophet und Ordensgründer die Kirchen reinigen, einigen und mit dem Heidentum verschmelzen. Sein Hauptwerk „Der Fränkische Koran" stimmt den weltfrommen Gesang von der Paradiessessuche des Menschen an. Das Werk. Gesamtausgabe (1970–1972).

ALBRECHT DÜRER (1471 Nürnberg – 1528 ebenda) Als Kunstschriftsteller so bedeutend wie als Maler und Graphiker. Lieh den frühen deutschen Renaissance den Namen „Dürerzeit".

HANS HEINRICH EHRLER (1872 Mergentheim – 1951 Waldenbuch/ Schönbuch) Lyriker und Erzähler katholischer Observanz. „Er wollte den Menschen den Weg erhellen". „Die Reise in die Heimat" (1958), Erzählungen (1960), Gedichte. Briefe vom Land (1972).

NIKOLAUS FEY (1881 Wiesentheid – 1956 Gerolzhofen) „Stammvater" der heutigen fränkischen Mundartdichtung, schrieb auch Volksspiele. „Fränkisches Volk und Land" (1975), „Derheem in Frankn" (1981), „Durch Fald und Wengert" (1982).

LEONHARD FRANK (1882 Würzburg – 1961 München) Zeichnete in Romanen wie „Die Räuberbande", „Das Ochsenfurter Männerquartett", „Die Jünger Jesu" ein psychologisch scharfes, liebevoll-kritisches Porträt seiner Heimat am Main. 1933 ausgebürgert, 1950 nach Deutschland zurück. Gesammelte Werke (1957–1959).

CARLHEINZ GRÄTER (*1937 Bad Mergentheim) Lebt in Lauda. „Mörike in Franken" (1974), „Der Bauernkrieg in Franken" (1975), „Hohenlohe. Bilder eines alten Landes" und „Im grünen Licht Hohenlohes. Landschaften und Begegnungen an der Schwäbischen Dichterstraße", Bd. I (1984).

JOHANN KONRAD GRÜBEL (1736 Nürnberg – 1809 ebenda) Flaschnermeister, Gassenhauptmann und von Goethe gelobter Mundartpoet: „alles klar, heiter und rein, wie ein Glas Wasser". Sämtliche Werke (1857).

GOTTLOB HAAG (*1926 Wildentierbach bei Niederstetten) Lebt in seinem Geburtsort. Lyriker, auch Mundart: „… bin nur Stimme, die diese Landschaft der Sprache erschließt". „Mondocker" (1966), „Ex flammis

orior" (1972), „Dr äerscht Hoheloher" (1973), „Schtaabruchmugge"
(1979), „Bass uff wenn dr Noochtgrabb kummt" (1982).

WILLI HABERMANN (*1922 Neu-Ulm) Lebt in Bad Mergentheim.
Schreibt Lyrik, auch in schwäbischer Mundart, und Aphoristisches.
„Du bist mein Freund. Psalmen schwäbisch gebetet" (1982), „S' Leba
bisch Lompadock, du" (1983). Gab „Hans Heinrich Ehrler. Spiegelun-
gen 1872–1972" heraus (1972).

GEORG PHILIPP HARSDÖRFFER (1607 Fischbach bei Nürnberg –
1658 ebenda) Gründete mit Klaj den Pegnesischen Blumenorden. Seine
Dichtungstheorie „Poetischer Trichter" ist als „Nürnberger Trichter"
sprichwörtlich geworden.

KARL LEBERECHT IMMERMANN (1796 Magdeburg – 1840 Düssel-
dorf) Schrieb fürs Theater und den satirisch-realistischen Zeitroman
„Münchhausen". In den „Memorabilien" die vielzitierte „Fränkische
Reise" von 1837. Sämtliche Werke (1883).

JOHANNES KLAJ (1616 Meißen – 1656 Kitzingen) Gehörte zum Kreis
der barocken „Pegnitzschäfer". „Die Pegnitzschäfer. Nürnberger
Barockdichtung" (1968).

INGE MEIDINGER-GEISE (*1923 Berlin) Lebt in Erlangen. Schreibt
Romane, Lyrik, Erzählungen und trat auch als Literaturhistorikerin,
„Welterleben der deutschen Gegenwartsdichtung", hervor. Gab die An-
thologie „Ohne Denkmalschutz" (1970) heraus.

MICHAEL MEISNER (*1904 Würzburg) War Rechtsanwalt und Verle-
ger. Schrieb Romane, Theaterstücke und eine Lutherbiographie. „Mit
Weinverstand durchs Frankenland" (1976), „Die zerbrochenen Hände.
Tilman Riemenschneider und seine Zeit" (1978).

MELCHIOR ADAM PASTORIUS (1624 Erfurt – 1702 Nürnberg) Bür-
germeister der Reichsstadt Windsheim und Barockpoet. „Leben und
Reisebeschreibungen … nebst denen lyrischen Gedichten" (1968).

HANS PFITZNER (1869 Moskau – 1949 Salzburg) Komponist und Mu-
sikschriftsteller. „Eindrücke und Bilder meines Lebens" (1947), Reden,
Schriften, Briefe (1955).

AUGUST GRAF VON PLATEN (1796 Ansbach – 1835 Syrakus/Sizilien)
Offizier und Orientalist, schrieb formstrenge Lyrik. Sämtliche Werke
(1910), Die Tagebücher (1896–1900), Der Briefwechsel (1911–1931).

ADRIAN LUDWIG RICHTER (1803 Dresden – 1884 ebenda) Maler und Zeichner des Biedermeier, wurde vor allem als Holzschnitt-Illustrator populär. „Lebenserinnerungen eines deutschen Malers" (1950).

FRIEDRICH RÜCKERT (1788 Schweinfurt – 1866 Neuses bei Coburg) Nachromantischer Lyriker von virtuosem Formtalent, als Orientalist in Erlangen und Berlin Vermittler arabisch-persischer Dichtung. Gesammelte Poetische Werke (1881/82), Briefe (1977).

JOSEPH VICTOR VON SCHEFFEL (1826 Karlsruhe – 1886 ebenda) Einst vielgelesener Lyriker und Erzähler. Beachtlich noch immer sein historischer Roman „Ekkehard". Schrieb 1859 im Kloster Banz das als „Frankenlied" bekanntgewordene „Wohlauf die Luft geht frisch und rein". Sämtliche Werke (1916).

FRIEDRICH SCHLEGEL (1772 Hannover – 1829 Dresden) Führender Dichter, Kritiker und Programmatiker der „progressiven, romantischen Universalpoesie". Werke (1958 ff.).

CHRISTOPH VON SCHMID (1768 Dinkelsbühl – 1854 Augsburg) Geistlicher und beliebter Jugendschriftsteller seiner Zeit. Schrieb auch das Weihnachtslied „Ihr Kinderlein kommet". Gesammelte Schriften (1885), Erinnerungen und Briefe (1968).

HANS DIETER SCHMIDT (*1930 Adelsheim) Lebt in Wertheim. Schreibt Gedichte, Erzählungen, Reiseprosa. „Der kurze Sommer des Hans Beheim" (1976), „Keine Insel für Robinson" (1977), „Ein Bildnis der Luise B." (1978), „Gesichter der Ferne" (1980), „Melusine und schwarze Wasser" (1980).

ANTON SCHNACK (1892 Rieneck – 1973 Kahl am Main) Schrieb Romane, Gedichte, zärtliche Prosa. Meister der kleinen Form. „Zugvögel der Liebe" (1936), „Die Angel des Robinson" (1946), „Phantastische Geographie" (1949).

FRIEDRICH SCHNACK (1888 Rieneck – 1977 München) Schrieb Lyrik, Romane, Sachbücher und magisch-präzise Naturdichtungen. „Das Leben der Schmetterlinge" (1930), „Große Insel Madagaskar" (1941), Gesammelte Werke (1961), „Die schönen Tage des Lebens" (1971).

GODEHARD SCHRAMM (*1943 Konstanz) Lebt in Nürnberg und Neidhardswinden. Schreibt Lyrik, Romane, Reiseprosa. „Nürnberger Bilderbuch" (1970), „Meine Lust ist größer als mein Schmerz" (1975),

„Das große und das kleine Europa" (1977), „Nachts durch die Biscaya" (1978), „Der Traumpilot" (1983).

EUGEN SKASA-WEISS: (1905 Nürnberg – 1977 London) Einer der letzten Feuilletonisten, der über fast alles funkelnd gescheit zu plaudern wußte. „Deutschland, deine Franken" (1971), „Ins Land der Franken fahren" (1977).

WILHELM STAUDACHER (*1928 in Rothenburg ob der Tauber) Ist in seiner Heimatstadt als Stadtbeamter tätig. Will als Mundartautor „die Sprache von innen aushorchen". „Liebe Menschen" (1965), „Eckstaa und Pfennbutze" (1967).

LUDWIG TIECK (1773 Berlin – 1853 ebenda) Frühromantischer Dramatiker, Erzähler, Lyriker und Übersetzer. Entdeckte 1792 zusammen mit Wilhelm Heinrich Wackenroder „das romantische Franken". Werke (1963–1966).

CARL JULIUS WEBER (1767 Langenburg – 1832 Kupferzell bei Künzelsau) Von der Aufklärung geprägte literarische Spottdrossel des Biedermeier. Neben kulturhistorisch farbigen Darstellungen der Möncherei, des Papsttums und der Ritterschaft sowie dem Deutschlandbuch ist sein Hauptwerk „Demokritos oder hinterlassene Papiere eines lachenden Philosophen" (1927). Sämtliche Werke (1834–1849).

LITERARISCHE GEDENKSTÄTTEN
IN FRANKEN

ASCHAFFENBURG: Städtisches Museum im Schloß Johannisburg mit Erinnerungsstücken an Johann Jakob Wilhelm Heinse und Clemens Brentano.

BAD MERGENTHEIM: Deutschordensmuseum im Schloß mit Eduard-Mörike-Zimmer („Haushaltungsbüchlein") und Erinnerungsstücken an Hans Heinrich Ehrler.

BAMBERG: E.T.A.-Hoffmann-Haus, Schillerplatz 26, Erinnerungsstätte mit Sammlung; gegenüber E.T.A.-Hoffmann-Theater; daneben die von ihm gern besuchte Wirtschaft „Zur Rose". Haus An der Eisgrube 16, dessen Türklopfer das Motiv für Hoffmanns „Goldenen Topf" gab. Karl-May-Museum mit Arbeitszimmer, Bibliothek und indianischen Sammlungen.

BAYREUTH: Jean-Paul-Museum, Wahnfriedstraße, mit allen Erstausgaben, Briefen und Bildern. Richard-Wagner-Gedenkstätte im Damenflügel des Neuen Schlosses mit Dokumentation der Festspiele und einem „klingenden Museum". Richard-Wagner-Museum, Haus Wahnfried, Richard-Wagner-Straße 48, mit Bildern, Schriften und der Bibliothek des Komponisten. Jean-Paul-Dichterstübchen in der nun nicht mehr bewirtschafteten Rollwenzelei an der Königsallee.

COBURG: Luther-Zimmer, Veste Coburg, wo Luther 1530 Psalm 1–25 übersetzte und den „Sendbrief vom Dolmetschen" schrieb. Im Stadtteil Neuses: Gedenkstätte für Friedrich Rückert im Gutshaus mit Arbeitszimmer, Denkmal im Park, Gartenhaus auf dem Goldberg und Grab neben der alten Dorfkirche.

DINKELSBÜHL: Historisches Museum, neben der Heiliggeistkirche, mit Christoph-von-Schmid-Zimmer; Denkmal vor der St.-Georgs-Kirche.

ERLANGEN: Platenhäuschen, Burgbergstraße 92a, mit Erinnerungsstücken an den Dichter.

GÖSSWEINSTEIN: Joseph-Victor-von-Scheffel-Stube im Gasthof neben der Wallfahrtskirche.

NÜRNBERG: Stadtbibliothek am Egidienplatz mit Institut für Fränkische Literatur. Albrecht-Dürer-Haus, Ecke Tiergärtnertor/Dürerstraße, mit Originalgraphiken und Bibliothek. St.-Johannis-Friedhof, Westvorstadt, mit den Gräbern von Willibald Pirckheimer, Albrecht Dürer, Georg Philipp Harsdörffer, Siegmund von Birken, Catharina Regina von Greiffenberg, Johann Konrad Grübel und Ludwig Feuerbach.

SCHWEINFURT: Städtisches Museum und Stadtarchiv am Marktplatz mit Erinnerungsstücken an Friedrich Rückert; dort auch ein Denkmal des Dichters.

STAFFELSTEIN: Heimatmuseum mit Erinnerungen an Joseph Victor von Scheffel und Adam Riese, den Verfasser der ersten deutschen Rechenbücher.

WAISCHENFELD: In der nahgelegenen „Pulvermühle" erlebte 1967 die Gruppe 47 um Hans Werner Richter ihre letzte große Tagung.

WÜRZBURG: Lusamgärtlein hinter dem Neumünster, mutmaßliche Grabstätte Walthers von der Vogelweide; Denkmal am Franconia-Brunnen vor der Residenz.

WUNSIEDEL: Stadtbibliothek und Stadtarchiv mit Handschriften von Jean Paul; Denkmal vor dem Geburtshaus am Jean-Paul-Platz.

QUELLEN

Florian Asanger und Karl d'Ester: Um Main und Donau. Ein Heimatbuch. Leipzig o.J.

Hans Max von Aufseß: Die Vielfalt Frankens. Verlag Nürnberger Presse. Nürnberg 1971

Engelbert Bach: Es bleit kee Bee unterm Tisch. Gedichte in unterfränkischer Mundart. Verlag Siegfried Greß. Marktbreit 1970

Julius Maria Becker: Loblied auf den Main. In: Spessart, Februar 1971. Aschaffenburg

Rudolf G. Binding: Gesammelte Werke. C. Bertelsmann Verlag. München

Clemens Brentano: Werke. Carl Hanser Verlag. München, 2. Aufl. 1978

Wolfgang Buhl (Hrsg.): Fränkische Städte. Würzburg 1970

Hermann Eris Busse (Hrsg.): Das badische Frankenland. Freiburg 1933

Karl Otto Conrady (Hrsg.): Das große deutsche Gedichtbuch. Kronberg im Taunus 1977

Max Dauthendey: Gesamtwerk. Albert Langen – Georg Müller. München

Ludwig Derleth: Der Fränkische Koran. Verlag Hinder + Deelmann. Gladenbach 1971

Albrecht Dürer: Schriften, Tagebücher, Briefe. Kohlhammer Verlag. Stuttgart 1961

Hans Heinrich Ehrler: Unsre Uhr hat einen Zauberschlag. Rainer Wunderlich Verlag Hermann Leins. Tübingen und Stuttgart o.J.

–: Gedichte. Hrsg. von Willi Stotz. Verlag der Freunde Hans Heinrich Ehrlers. Tübingen und Stuttgart 1951

Nikolaus Fey, zitiert nach: Ado Kraemer, Escherndorf und seine Weine. Stürtz Verlag. Würzburg 1964

Leonhard Frank: Das Ochsenfurter Männerquartett. Nymphenburger Verlagshandlung. München

Gottlob Haag: Schonzeit für Windmühlen. Gedichte. Verlag Nürnberger Presse. Nürnberg 1965

–: Mit ere Hendvoll Wiind. Hohenlohisch-fränkische Gedichte. Mit einer Schallplatte. Verlag J. P. Peter Gebr. Holstein. Rothenburg o.T. 1970

–: Fluren aus Rauch. Gedichte und ein Requiem. Echter Verlag. Würzburg 1982

Hanns Hubert Hoffmann und Günther Schuhmann: Franken in alten Ansichten und Schilderungen. Jan Thorbecke Verlag. Konstanz, Lindau und Stuttgart 1967

Diethard Klein (Hrsg.): Fränkisches Hausbuch. Rombach Verlag.
Freiburg im Breisgau 1981

Inge Meidinger-Geise und Gunter Ullrich: Zwischen Stein und Licht.
Calatra Press. Lahnstein 1979

Michael Meisner, in: Würzburg. Merian, Mai 1948. Hoffmann und
Campe Verlag, Hamburg 1948

Melchior Adam Pastorius: Des … Leben und Reisebeschreibungen …
nebst dessen lyrischen Gedichten. Hrsg. von Albert R. Schmitt.
Delp'sche Verlagsbuchhandlung. München 1968

August Graf von Platen: Gedichte. Gesamtausgabe. Halle an der Saale
o. J.

Friedrich Rückert: Werke in sechs Bänden. Hrsg. von Conrad Beyer.
Leipzig o. J.

Joseph Victor von Scheffel: Gesammelte Werke in sieben Bänden.
Stuttgart 1907/08

Christoph von Schmid: Erinnerungen aus meinem Leben. Freiburg im
Breisgau 1953

Anton Schnack: Mittagswein. Gedichte. Hoffmann und Campe Verlag.
Hamburg 1948

–: Das Fränkische Jahr. Eine Kalender-Kantate. Paul Pattloch Verlag.
Aschaffenburg 1952

–: Weinfahrt durch Franken. Süddeutscher Verlag. München 1964

Friedrich Schnack: Gesammelte Werke in zwei Bänden. Ruetten & Loe-
ning Verlag. Hamburg 1961

Godehard Schramm: Ein Dorf auf der Frankenhöhe. Delp'sche Verlagsbuchhandlung. München und Bad Windsheim 1981

Eugen Skasa-Weiß: Deutschland, Deine Franken. Eine harte Nuß in
Bayerns Maul. Rowohlt Tb. 1852. Reinbek 1975

–, in: Die Rhön. Merian 1964. Hoffmann und Campe Verlag. Hamburg
1964

Wilhelm Staudacher: Über nei-bejter-e-Schroll. Gedichte im Rothen-
burger Dialekt der fränkischen Mundart. Mit einer Schallplatte.
Verlag J. P. Peter Gebr. Holstein. Rothenburg o. T. 1970

Carl Julius Weber: Deutschland oder Briefe eines in Deutschland
reisenden Deutschen. 3. Aufl. Stuttgart 1855